Frédéric Chopin
(1810 – 1849)

Nocturnes

für Klavier · for piano · pour piano

Urtext

Herausgegeben von · Edited by · Edité par
Gábor Csalog
K 117
Könemann Music Budapest

INDEX

dédiés à Madame Camille Pleyel

Trois Nocturnes

I

Op.9., No.1.
Brown-Index 54
1830 – 31

Larghetto ♩ = 116

legatiss.
tr
f appassionato
cresc.
con forza
p
smorz.
sotto voce
pp
Ped.
Ped.
poco rall.
ppp

a tempo
cresc.
poco stretto
fzp
poco rall.
a tempo

43
46
fzp
poco rall.
49
a tempo
f
ff
Ped.
52
55
con forza
pp
sempre Ped.
58

61
ppp
legatissimo
64
sempre pianissimo
67
fz
smorz.
sempre Ped.
70
rall. e dolciss.
a tempo
73
8
legatiss.
20

75
77
f
cresc.
79
ff
dim.
p
81
smorz.
ff
83
ritenuto
accel.
dim.
ppp

II

Op.9., No.2.
Brown-Index 54
1830 – 31

9
p
pp
poco rit.
11
f
a tempo
poco rallent.
13
a tempo
fzp
cresc.
15
tr
p
17

19
f
poco rall.
21
tr
a tempo
fzp
23
tr
25
p
pp
poco rubato
Ped.

sempre pp
dolciss.
p
con forza
tr
stretto
ff senza
tempo
cresc.
dim.
rall.
smorz.
a tempo
pp
ppp

III

Op.9., No.3.
Brown-Index 54
1830 – 31

Allegretto ♩ = 66

dolciss.
scherzando

35
39
p
sostenuto
43
f
fz
p
47
stretto e
51
cresc.
fz

55
con forza
14
rall.
5
57
a tempo
4
4
61
p
65
tr
f
69
p

stretto - e - cresc.
con forza
rall.
a tempo
Agitato
cresc.

91
fz
p
fz
94
pp
ritenuto
cresc.
97
ff
dim.
100
p
fz
103
smorz.
pp

106
f
cresc.
p
109
fz
pp
112
*
f
cresc.
p
115
fz
p
dim.

118
pp
cresc.
f
121
cresc.
ff
dim.
124
p
fz
127
smorz.
pp
rallent.
ff

130
Tempo I
poco rall.
a tempo
p
scherzando
134
tr
138
141
144

147
150
risoluto
f
11
3
con forza
153
ritenuto
tr
8
senza tempo e legatissimo
Ped.
dimin.
Ped.
Adagio
156
legatiss.
smorz.
rallent.
pp
rallent.
ppp
Ped.

dédiés à son ami Ferdinand Hiller

Trois Nocturnes

I

Op.15., No.1.
Brown-Index 55
1830 – 31

dolciss.
smor - zan - do
con fuoco
= 84
f
Ped.

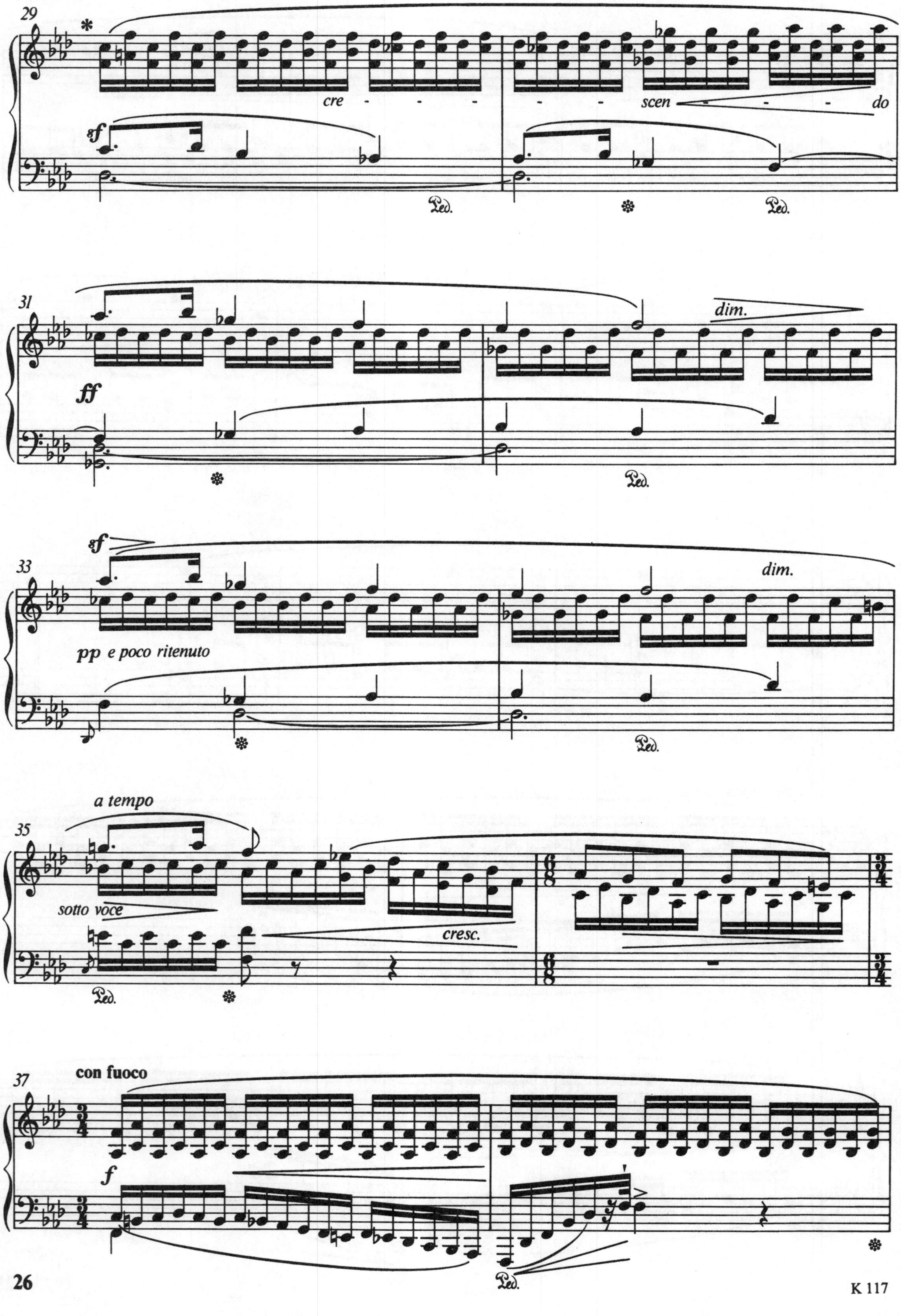
29
cre - - - - - scen - - - do
sf
Ped.
Ped.
31
dim.
ff
Ped.
33
sf
dim.
pp e poco ritenuto
Ped.
35
a tempo
sotto voce
cresc.
Ped.
37
con fuoco
f
Ped.

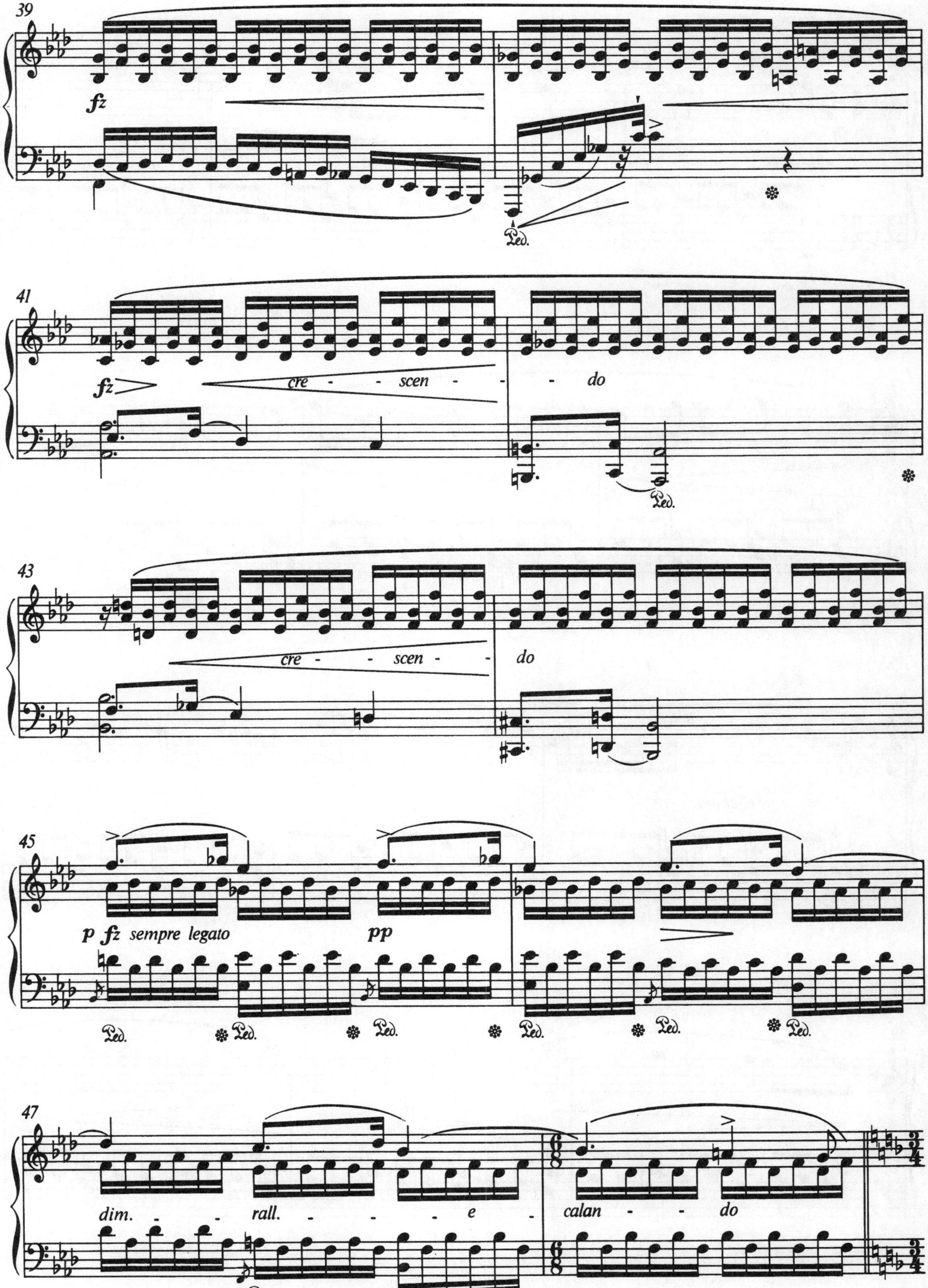
39
fz
Ped.
41
fz
cre - scen - do
Ped.
43
cre - scen - do
45
p fz sempre legato
pp
Ped.
47
dim. - rall. - e - calan - do
Ped.

Tempo I ♩ = 69
sotto voce
Ped.
poco cresc.
dolciss.
e - ritenuto

62
65
68
dolciss.
pp
dim.
71
rall.
smor
zan
do
Ped.

II

Op.15., No.2.
Brown-Index 55
1830 – 31

pp e poco ritenuto
Ped. i due pedal
cresc.
con for - - - - za
stringendo
ritenuto
Doppio movimento
sotto voce
cresc. - - - - - - - - -
fz
Ped.

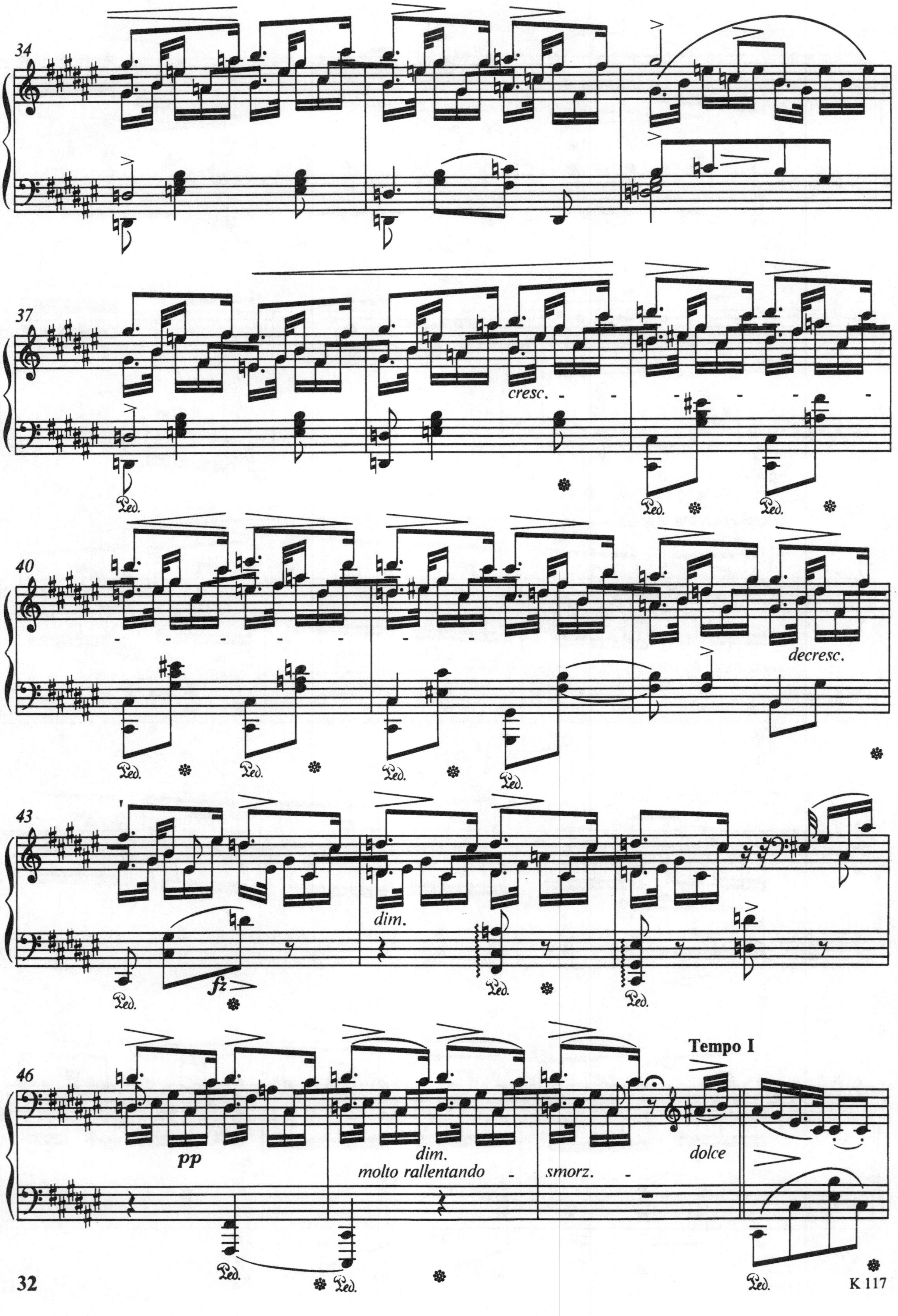

34
37
cresc.
Ped.
40
decresc.
43
dim.
fz
46
Tempo I
pp
dim.
molto rallentando
smorz.
dolce

50
leggierissimo
52
con forza
pp
fz
55
tr
dim. rall.
58
pp
fz
dim.
una corda
60
smorzando
Ped.

III

Op.15., No.3.
Brown-Index 79
1833

dim.
ritenuto
a tempo
sotto voce
fz
sostenuto
cresc.
accelerando
riten.
dim.
rall.
Ped.

84
religioso
pp
a tempo
p
sotto voce
Ped.
91
sempre legato
97
103
109
115

121
fz
fz
127
fz
fz
133
fz
fz
pp
fz
fz
140
fz
fz
fz
fz
fz
146
fz
fz
pp

dédiés à Madame la Comtesse d'Apponyi

Deux Nocturnes

I

Op.27., No.1.
Brown-Index 91
1835

15
18
21
24
ritenuto
27

Più mosso 𝅗𝅥.=54
29
ten.
ten.
ten.
ten.
p
33
poco a poco cresc.
37
f
fz
Ped.
sempre più stretto
41
cresc.
fz
Ped.
appassionato
45
ff
Ped.

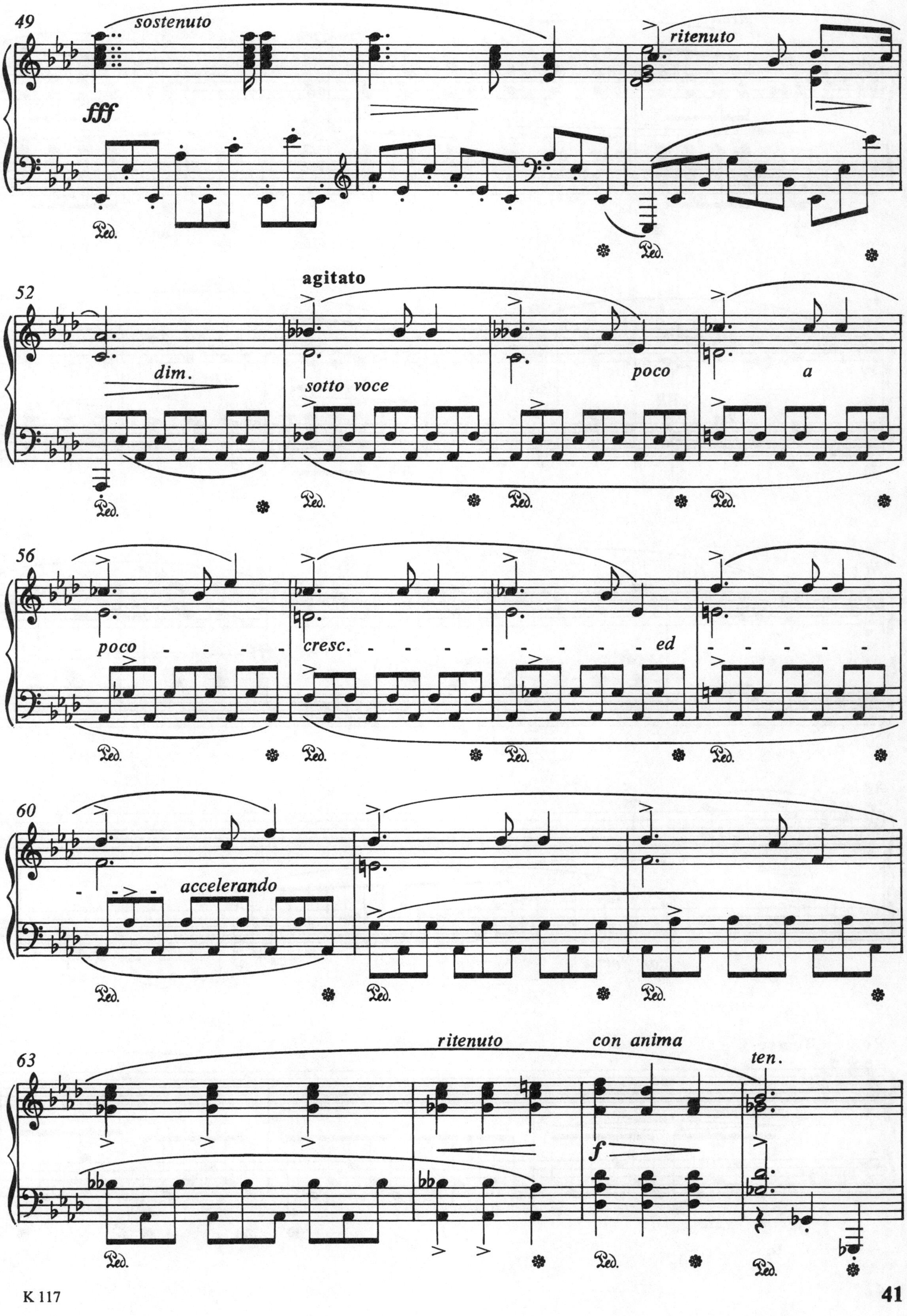
49
sostenuto
fff
ritenuto
52
agitato
dim.
sotto voce
poco
a
56
poco
cresc.
ed
60
accelerando
63
ritenuto
con anima
ten.
f

67
stretto
ten.
Ped.
72
ten.
pp
78
cresc. - - ed - - - accel.
fff
83
con forza
84
Tempo I
sotto voce
fz p legato

87
Ped.
90
93
ritenuto
con duolo
calando
fz
p
96
rallentando
99
Adagio
p
fz
pp

II

Op.27., No.2.
Brown-Index 96
1835

13
cresc.
15
17
con forza
cresc.
20
sempre legatiss.
23
ri - tenuto

26
pp
a tempo
29
32
leggieriss.
34
dolce
36
cresc.

38
cresc.
Ped.
40
cresc.
fz
43
fz
fz
fz
45
f
cresc.
fff
47
fz
f

50
pp
tr
52
delicatiss.
48
54
con anima
56
con forza
fz
cresc.
58
appassionato
fz

61
dolciss.
fz p
dim.
64
67
dim.
70
calando
73
smorzando
dolcissimo
diminuendo

dédiés à Madame la Baronne de Billing née de Courbonne

Deux Nocturnes

Op.32., No.1.
Brown-Index 106
1836 – 37

I

18
stretto
f
tranquillo
p
poco riten.
in tempo
22
26
29
pp
ff
32
[f] stretto

36
p
poco ritenuto
f
40
tr
in tempo
44
47
50
Ped.

53
56
stretto
f
poco ritenuto
p
Ped.
60
riten.
pp
63
fz
Adagio

II

Op.32., No.2.
Brown-Index 106
1836–37

Lento

17
20
delicatiss.
23
26
29

31
33
35
37
39
fz
Ped.

41
43
ff
45
47
cresc.
49

51
Appassionato
ff
Ped.
54
56
tr
58
61
delicatiss.

64
tr
66
69
delicatiss.
71
legieriss.
tr
73
Lento
Ped.

Deux Nocturnes

I

Op.37., No.1.
Brown-Index 119
1838

Andante sostenuto

21
ff
p
tr
Ped.
25
cresc.
29
33
37
p

41
p
48
54
60
Ped.
67
Ped.

71
ff
[p]
tr
75
cresc.
79
dim.
83
p
87
pp
rit.
pp
Ped.

II

Op.37., No.2.
Brown-Index 127
1839

17
20
23
26
sostenuto
30

37
*
44
cresc.
dim.
51
pp
58
65
f
Ped.
Ped.

70
73
76
79
8
82
sostenuto
p
Ped.

88
94
cresc.
100
dim.
106
pp
112
cresc.

118
cresc.
Ped.
123
f
p
126
129
132
pp
ppp

dédiés à Mademoiselle Laure Duperré

Deux Nocturnes

I

Op.48., No.1.
Brown-Index 142
1841

poco più lento
sotto voce
ten.
ten.
f
ff
sempre p

33
Ped.
37
pp
cresc.
Ped.
40
cresc.
f
(41)
cresc.
(42)
*

(43)
cresc.
Ped.
(44)
ff
tr
ritenuto
46
8
3
47
sempre ff
48
ritenuto
fzp
accel.

doppio movimento
agitato
pp
[·]
cresc.
Ped.

59
61
63
pp
7
cresc.
65
67
Ped.

69
f
Ped.
71
ten.
ff ritenuto
73
dim.
rall.
75
pp

II

Op.48., No.2.
Brown-Index 142
1841

21
ten.
Ped.
25
dim.
29
33
37

41
cresc.
44
47
f
50
p
53
dim.
ritenuto
cresc.
Ped.

57
più lento
*
f
p
5
61
p
5
Ped.
Ped.
65
6
Ped.
70
stretto
ritenuto
cresc.
p
5
Ped.
75
poco ritenuto
in tempo
*
pp
5
Ped.
Ped.

ritenuto
in tempo
stretto
cresc.
dim.
p
pp
ff
Ped.

Tempo I

118
Ped.
122
cresc.
126
p
130
sempre p
tr
3
134
smorz.

dédiés à Mademoiselle J. W. Stirling

Deux Nocturnes

I

Op.55., No.1.
Brown-Index 152
1843

20
ritenuto
25
in tempo
29
f
tr
p
33
37
ritenuto

41
in tempo
Ped.
44
f
tr
47
più mosso
f
50
53

56
p
Ped.
59
62
65
f
dim.
68
f rallent.

70
stretto
72
ritenuto
tempo primo
p
75
molto legato e stretto
78
81

84
Ped.
87
Ped.
Ped.
cresc.
90
dim.
ed accel.
8
Ped.
93
96
in tempo
f

II

Op.55., No.2.
Brown-Index 152
1843

Lento sostenuto

13
16
cresc.
19
p
22
25
f
10

27
p
Ped.
29
31
33
tr
cresc.
35
ff
7

37
Ped.
fzp
39
41
43
cresc.
dimin.
45
f

47
fzp
Ped.
49
Ped.
51
cresc.
dim.
tr
53
f
55
fzp

57
pp
59
dim.
61
rallent.
63
in tempo
f

dédiés à Mademoiselle R. de Könneritz

Deux Nocturnes

Op.62., No.1.
Brown-Index 161
1845 – 46

I

17
20
23
dim.
pp
26
rall.
f
fzp
28
32
Ped.

35
38
42
46
49
cresc.
dim.
tr
dolciss.
Ped.

52
cresc.
f
55
dim.
58
pp
62
65
cresc.

poco più lento
dim.
dolce
poco
rallent.
a tempo
tempo primo
dim.
rall.
pp
cresc.
ritenuto
dim.

in tempo
p
pp
calando
Ped.

II

Op.62., No.2.
Brown-Index 161
1845 – 46

23
ff
tr
dim.
fz
p
Ped.
26
pp
cresc.
31
f
ten.
tr
p
33
35

37
39
cresc.
agitato
f
41
cresc.
43
45
dim.

47
p
cresc.
tr
49
f
cresc.
51
53
dim.
55
pp

57
ritenuto
in tempo
cresc.
dim.
p
Ped.
59
pp
cresc.
63
66
dim.
p
f
69
ritenuto
tr
in tempo
p

71
73
Ped.
75
77
Ped. Ped. Ped.
79
3
3
Ped. Ped. Ped. Ped.

Nocturne

Brown-Index 49
1830

Lento con gran espressione

15
tr
con forza
ff
18
ppp
Ped.
Ped.
21
sotto voce
24
p
tr
f
27
pp
cresc.

30
sempre p dimin.
36
sempre più p
rallentando
41
adagio
morendo
ppp
a tempo
44
cresc.
47
con forza

50
appassionato
53
tr
p
18
55
35
sempre più p
56
11
delicato
13
delicatiss.
rall.
58
pp e rall.
rall.
ppp
Ped.

Nocturne

Op. post.72., No.1.
Brown-Index 19
1827

16
poco a poco
cresc.
15 4
15 4
f
19
22
*
aspiratamente
cresc. -
25
f
28
poco dim.
riten.
1 4 1
Ped.

31
f tempo
tr
Ped.
33
tr
dim.
35
p
tr
37
39
f

42
45
48
51
54
pp
ca- -lan- -do

Nocturne

Brown-Index 108
1837

29
32
35
39
42
8

The Critical Notes which belong to this Urtext edition are available at www.koenemann.com

H-1093 Budapest, Vámház krt. 5.
Responsible co-editor: Tamás Zászkaliczky
Engraved by Kottamester Bt., Budapest

K 117

Distributed worldwide by Tandem Verlag GmbH
Im Mühlenbruch 1, D-53639 Königswinter

Printed in EU

ISBN 3-8331-1331-6